POEMAS ESCOLHIDOS

MIA COUTO

Poemas escolhidos

Seleção do autor

Apresentação
José Castello

5ª reimpressão

COMPANHIA DAS LETRAS

Copyright © 2016 by Mia Couto

A editora manteve a grafia vigente em Portugal, observando as regras do Acordo Ortográfico da Língua Portuguesa de 1990.

Capa
Victor Burton

Foto de capa
@ Bob Wolfenson

Revisão
Carmen T. S. Costa
Ana Maria Barbosa

Dados Internacionais de Catalogação na Publicação (CIP)
(Câmara Brasileira do Livro, SP, Brasil)

Couto, Mia
    Poemas escolhidos / Mia Couto ; apresentação José Castello
— 1ª ed. — São Paulo : Companhia das Letras, 2016.

ISBN 978-85-359-2684-2

1. Poesia moçambicana (Português) I. Castello, José. II. Título.

16-00315   CDD-869.1

Índice para catálogo sistemático:
1. Poesia : Literatura moçambicana em português 869.1

[2021]
Todos os direitos desta edição reservados à
EDITORA SCHWARCZ S.A.
Rua Bandeira Paulista, 702, cj. 32
04532-002 — São Paulo — SP
Telefone: (11) 3707-3500
www.companhiadasletras.com.br
www.blogdacompanhia.com.br
facebook.com/companhiadasletras
instagram.com/companhiadasletras
twitter.com/cialetras

Sumário

Apresentação — *A palavra e a semente* — José Castello 11

IDADES CIDADES DIVINDADES

Idades

Idades 26
Biografia 27
A primeira vez da idade 28
A luz da dor 29
Rosa 30
O espelho 31
A lentidão da sede 32
A adiada enchente 33
Ignorância 34
O tempo e seus suspiros 35
Desleitos 36
Lições 37
Biofagia 39
Tardio 40

Cidades

Errar 42
O outro idioma 43

O pecado do rio 44
Doença 46
Desilusão 47
Estrada de terra, na minha terra 49
Versos do prisioneiro (1) 50
Versos do prisioneiro (2) 51
Versos do prisioneiro (3) 52
Versos do prisioneiro (4) 53
Versos do prisioneiro (5) 54
Versos do prisioneiro (8) 55
Versos do prisioneiro — A sentença 57
Versos do prisioneiro — Última carta do preso
ao poeta 58

Divindades

O amor, meu amor 62
Sementes 64
Lembrança alada 65
Mulher 66
Percurso 67
Da terra 68
Depoimento 69
Elementos 70
Avesso bíblico 72
Cego 73
A espera 74
A demora 75
O beijo e a lágrima 77
O poeta 79
A condenação 81

RAIZ DE ORVALHO E OUTROS POEMAS

Identidade	86
Trajeto	87
Palavra que desnudo	88
Primeira palavra	89
Desencontro (1)	90
Desencontro (2)	91
Regresso	92
Confidência	93
Saudade	95
Pergunta-me	97
Ser, parecer	99
Para ti	100
Solidão	102
Noturnamente	104
Ânsia	105
Poema de despedida	106
Ave	108
Poema mestiço	109
Árvore	110
(Escre)ver-me	111
Protesto contra a lentidão das fontes	112
Sotaque da terra	114
Promessa de uma noite	115
Onze anos, última morte	116
Fui sabendo de mim	118
Companheiros	119
Pequeninura do morto e do vivo	121
Carta	122

Cores de parto 124
Saudade 126
Ignorâncias paternas 127
Clandestino 129
Verniz 131
Testamento da mulher suspensa 133
O degrau da lágrima 136
Tradutor de chuvas 138
As ruas 139
O bairro da minha infância 140
Parto e pranto 142
Seios e anseios 144
Frutos 145
Tristeza 147
Pecado muito pouco original 148
A coisa 149
Flores 151
O hóspede 152
Poema didático 153
Vaticínio da mulher na despedida 154
A casa 156
Danos e enganos 158
Sazonais eternidades 159
Dormes 160
Janelas 161
Fala da mulher que se pensa gorda 162
Sementeira 164
A pegada 165

Medos 166
O brinde 167
O bojo e o beijo 169
Números 170
Falta de reza 171
Declaração de bens 172
O bebedor de sóis 173
A cantadeira 174
Lembrança 175
Beijo 176
Hora de visita 177
Mudança de idade 179
Casa (rio) 182
O espreguiçoso 184
Aprendiz de ausências 186

Apresentação
A palavra e a semente

José Castello

A poesia de Mia Couto é gerida pela perplexidade. Ela realiza um recuo radical em direção ao passado, perseguindo aqueles momentos originais em que o ser humano se formou. Ao espanto corresponde uma imagem primordial: a da semente. "Agora,/ quero apenas/ o que havia antes de haver vida./ A semente", o poeta anuncia. Ele não se interessa pelo fruto — que está pronto, acabado, e pode, assim, ser devorado. Ao contrário: sua poesia se ergue contra o consumo voraz do presente. Mia prefere se instalar naquele momento anterior ao fruto, no qual tudo o que temos é um conjunto indefinido, mas potente, de possibilidades. Seus versos acompanham a germinação de nossa história e de nossa identidade. Promovem, também, um desmascaramento do Eu, com seus enganos, suas empáfias e sua vaidade.

O tempo é, por isso, um de seus temas centrais. Talvez, até, o tema central. Atada à passagem do tempo, a poesia de Mia Couto se apresenta, antes de tudo, como um testemunho. Trata-se, porém, de um tempo interior, e não cronológico. Um tempo que, em vez de sincronizar e ordenar, desarruma e desarranja. Perseguidor das origens, o poeta lida com a febre que precede ao conhecimento. Que esboça as ilusões do Eu. Antes de a mente saber, o corpo já "sabe". O corpo somatiza aquilo que, só mais tarde, o pensamento consegue capturar. E, ainda assim, só em parte. Só uma parte da existência cabe no poema. A maior parte esbarra no muro das palavras e permanece do lado de fora. Os poemas de Mia Couto são, antes de tudo, reflexivos e filosóficos. Remetem, porém, não a uma filosofia de escola — com seus conceitos e métodos —, mas, bem mais, à ruminação luminosa que precede a idade verbal. Abordam o ser e a incompreensível dor de existir. Inspecionam as dificuldades de viver. Trata-se de uma poesia que, sem se pretender didática, entra em sincronia com as perguntas que nos fazemos desde o nascimento. A pergunta central, como nos velhos compêndios, mas também nas mentes mais jovens, é: quem sou eu?

Para se aproximar de uma resposta, Mia Couto se coloca em defesa de alguns valores que, no mundo de hoje, retidos nas ilusões do contemporâneo, costumamos desprezar. Defende, por exemplo, a lentidão — quando todos, inclusive o próprio poeta, estamos sempre a correr. Coloca-se a serviço não da descoberta esplendorosa, mas da pura e simples espera. "Simples espera/ daquilo que não se conhece/ e, quando se conhece,/ não se sabe o nome". Espera que é mais uma emboscada, na qual nos enredamos em nossa própria ignorância. Espera que não chega a ser esperança, é mais uma reverência ao desconhecido.

Sua poesia valoriza, também, a ignorância — o poeta é aquele que procura o que desconhece e, quando enfim encontra, continua a desconhecer. É, portanto, uma poesia que coloca em cena a angústia, isto é, a vigília insone e desconfortável que nos acompanha da infância à velhice.

Mia Couto não escreve para consertar o mundo: prefere o inadequado, o inapropriado, o dissonante. É um poeta apegado ao chão e suas fissuras. "Não, não aprenderei", ele afirma, ciente de que seus versos não são um instrumento de conhecimento, mas de assombro.

Algo empurra com força o poeta em direção à dureza do chão, onde ele se defronta com a brutalidade do ser. Não se contenta com isso: mesmo desnorteado, ele quer "comer a Vida/ deitando-a entontecida/ sobre o linho do idioma". Nada lhe escapa, nada repudia ou renega. Devora a vida até o fim — a vida como amante e a língua como leito. Não se importa com a coerência ou com os bons resultados, dois ideais inúteis de nosso mundo contemporâneo. Sabe que está sempre em desalinho com as coisas, que as coisas lhe fogem; que quanto mais as persegue, mais elas lhe escapam. Fica o grande espanto: se a poesia não tem compromisso algum com a eficácia, para que escrever versos? É aqui, abrigado nessa pergunta, que Mia Couto se torna poeta.

Algo o leva a encarar não apenas os defeitos do mundo, mas também a verdade contida no erro. "Na escolinha,/ a menina,/ propícia a equívocos, disse:/ — *Masculino de noiva é navio.*// Repreenderam, riscaram, descontaram.// Mas ela estava certa". Seu destino de poeta o empurra não só para o erro, mas para a mentira. Escrever poesia é encontrar uma beleza no erro e no defeito. As palavras reviram a face nítida do real, nele rasgando veias profundas que o desmentem, mas também o sustentam. Esse paradoxo se encarna no personagem Afrânio, de "Desilusão", que não encontra a forma perfeita de morrer e por isso opta por viver. A escrita é, assim, um caminho para a imperfeição. É sua face mais bela. Imperfeita, ela nos entrega apenas imagens possíveis do real, que é também defeituoso e torto. Para Afrânio, viver é sua forma de morrer. Mais uma vez, trata-se do tempo e de suas manhas. Não vivemos em linha reta — e por isso a poesia não pode ser, também ela, um território de retidão. Muitas vezes, precisamos fazer uma coisa para, na verdade, fazer outra — e a poesia de Mia Couto fala não só de abrigar, porém de valorizar essa incoerência. A poesia não é um tapete sedoso, mas, ao contrário, uma dura estrada de terra — e por isso ela inclui, necessariamente, a dor. Nela, em vez de se encontrar, o poeta (e o leitor também) se perde. Lugar do fracasso do Eu, a poesia nos leva à descoberta de nossa condição de prisioneiros. Prisioneiros de quê? Das palavras que, com seus alfabetos, gramáticas e léxicos, nos obriga a diminuir nossas esperanças e a aceitar o pouco que podemos ter.

Essa condição dolorosa se manifesta, sobretudo, na série dos "Versos do prisioneiro", na qual Mia Couto, partindo de nossa natureza solitária, nos devolve a um destino do qual não podemos escapar. E é dele — desse destino asfixiante e estreito — que devemos, enfim, fazer nossas vidas. Criador da língua, o homem é, em consequência, um prisioneiro de si mesmo. O poeta não fala apenas de uma grade exterior, mas de uma interior, que nos delimita e desenha. "Quando abrirem as portas/ eu serei, enfim,/ o meu único carcereiro", ele escreve, anunciando nosso escandaloso destino. Na prisão, até o corpo é prisão também. Até ele sente falta de uma direção, de uma orientação, de um lugar para ser. A prisão nos empurra para o chão e nele espremidos descobrimos que a noite verdadeira está dentro de nós. Que precisamos lidar sempre com essa treva interior. Resta a poesia, como uma espécie laica de milagre que vem iluminar o que não se ilumina. "Agora,/ meu ouro é a palavra", ele escreve.

Para Mia Couto, a poesia é uma espécie de chave com a qual abrimos nossos próprios corpos. Na verdade, só estão presos os que não entram em contato com esse cárcere íntimo. Paradoxo insuportável: aceitar a prisão (os limites) é a verdadeira libertação. Desenhar essa prisão com palavras. Moldá-la com a forma dos versos. Com isso, desmascaramos nossa pose de dominadores. De espertos. Além da pessoa, há uma máscara que deve ser arrancada. Mia Couto nos mostra então que a poesia é o instrumento mais adequado para isso. Prisioneiro, o poeta escreve para si mesmo. Está preso nas margens do sonho. O sonho se torna, assim, nosso destino.

Perseguindo os versos de Mia Couto, esbarramos — rumo inevitável — na impureza do real. O amor é impuro, o mundo é impuro. Somos filhos da imperfeição. Estamos afundados em intermináveis paradoxos que, observados à distância, se parecem com a sujeira. O homem ama para não sofrer e por isso sofre. Ama para existir — mas, no amor, o massacre da inexistência o ameaça. Destino estranho: o homem respira para sufocar. Espreita para cegar. Tudo se passa ao contrário. "E sonho-te/ quando ansiava ser um sonho teu." Nesses desencontros, porém, a vida se encorpa. São eles que nos levam a nossa única saída: a invenção. Voltamos aqui à metáfora da semente: semear, para Mia Couto, é o mesmo que inventar. Nenhuma ilusão

15

naturalista. Nenhuma esperança de ordem biológica. Só a invenção, arbitrária e gratuita, contraposta à instabilidade do real, nos permite viver. Só ela leva o poeta a se tornar poeta.

Sob o manto da invenção, porém, um passado lateja. Para Mia Couto, um elemento fundamental da poesia é a memória. Os rastos que o poeta guarda dentro do peito configuram, precariamente, seu nome. Outra vez: o nome (a palavra) não basta. O poeta está sempre deslocado: "Eis o meu contento:/ nunca pisei chão que fosse meu". Está sempre "no lugar errado", desfocado do presente, já que seu lugar, de fato, é a origem. Outra vez: a semente. Afastado de seu centro, o poeta se engana, isto é, se surpreende. É da surpresa, resto turbulento do real, que ele arranca os materiais para a escrita. Chega assim Mia Couto, mais uma vez, à gênese, isto é, à semente. Nela, como nas dores do nascimento, o mundo treme. Escrita torta e desarticulada, afastada de qualquer certeza, ela se faz de surpresas, mas também de medos. O medo é parte fundamental da criação. Ele antecede ao grande risco de escrever. Ele o anuncia.

Até Deus vive de ilusões e de inversões. Em "Avesso bíblico", o poeta escreve: "No início,/ já havia tudo.// Mas Deus era cego/ e, perante tanto tudo,/ o que ele viu foi o Nada". O homem não passa de um efeito — um resto minguado — das ilusões divinas. Novo paradoxo: só um Deus cego, com as mãos encharcadas no Nada, é capaz de inventar. Mia Couto nos ajuda a definir essa cegueira: "Cego é o que fecha os olhos/ e não vê nada". Isto é: cego é aquele que não sabe imaginar, aquele que se limita a decorar e repetir. Prossegue o poeta: "Cego é quem só abre os olhos/ quando a si mesmo se contempla". Cego é aquele incapaz de ver o outro. Seja como for, é através da criação que a cegueira se estanca. O contrário da cegueira não é a luz, mas a invenção.

Embora não inclua nenhuma forma de confissão — ela é escrita sempre por um Eu que se encolhe e não por um Eu que se exibe —, a poesia de Mia Couto se torna um pouco mais pessoal quando trata do tema do amor. O amante: ser fora do tempo, condenado a uma espécie nada consoladora de vácuo. Beijo e lágrima se confundem. O amor como luta. Contudo, a luta mais feroz é, mais uma vez, contra as próprias palavras. Mesmo na fala amorosa, o poeta despreza as palavras — escreve não para celebrá-las, mas para se ver livre delas. "O poeta não quer escrever./ Apenas ser escrito." Ecoam aqui as célebres palavras de Clarice Lispector: "Não sou eu que escrevo, são meus livros que me escrevem". Grandes escritores, como Mia e Clarice, têm consciência que a poesia é uma espécie — apaixonante — de submissão. De novo: uma prisão.

Por isso, tantas vezes, o poeta se cansa da poesia. Quer mais: quer matar a poesia, livrar-se dela e de suas exigências. A beleza também pesa e dói. Ele tenta se proteger, tenta fugir, mas a palavra insiste. A poesia é, enfim, algo de que o poeta não se livra, ou poeta não seria. Só volta a si quando dos papéis emerge o real, incorporado em dois braços de mulher. Aqui o amor surge não como uma condenação, mas como salvação. Como uma precária promessa de silêncio. Mas ele sabe: mesmo durante o sono, dentro dele continua a fluir um rio sem nome (um rio sem palavras). Mesmo sem palavras, a poesia insiste. No fundo, a grande pergunta diz respeito à identidade. Para chegar a si mesmo, o poeta precisa ser outro. O "si mesmo": um outro. Chegar a si não é encontrar o que já se conhece, mas chegar ao desconhecimento de si mesmo. O "si" só nasce da luta "contra si". É contra si mesmo, contra suas pequenas vontades, contra suas máscaras banais, que um poeta se ergue. Até mesmo contra seus desejos humanos. Essa viagem do poeta rumo a si inclui a vertigem, o vaguear, o voo, a embriaguez, a elevação. Só com esses elementos, Mia Couto nos leva a ver, a travessia rumo a si mesmo se dá. Nessa viagem, surge enfim a mudança. Insuportável paradoxo: a transformação nada mais é do que a chegada a si mesmo. Aqui se instala como força salvadora, mais uma vez, o amor. O que é o amor, senão a ruptura da fronteira entre dois Eus? O amor, portanto, nada mais é que a ruptura de um limite. O amor como fratura: um procura no outro aquilo que o outro não tem. Nesse esforço, os dois se inventam, e a poesia pode surgir novamente. A primeira palavra verdadeira, sugere o poeta, surge após o gozo. O amor não passa, portanto, de uma forma de desencontro. É no desencontro consigo mesmo que se goza.

Ama-se, afirma Mia Couto, "no avesso das palavras". O amor não é um evento natural, o instinto sim. O amor é a invenção do amor. Ele é — como a poesia — uma transfiguração. Como o amor, a poesia também é inversão e invenção. Nenhum encontro se realiza sem a presença do estranho e do sobressalto. Em seus versos, Mia busca algumas palavras que se ligam à ideia de desejo: sombra, noite sem remédio, virtude, carência. Mais uma vez, sua poesia nos coloca diante do contraditório e do irremediável. Apesar disso, ele nos diz, amar é espantar os fantasmas. O amor recolhe a dispersão do ser. Fortalece o ser para o enfrentamento do desconhecido que, no fim das contas, define a existência. Por isso, amar é perguntar. "Qualquer coisa/ pergunta-me qualquer coisa/ uma tolice/ um mistério indecifrável/ [...]/ para que mesmo sem te responder/ saibas o que te quero dizer"

Mais uma vez o poeta nos defronta com a falência das palavras. Contudo, é dessa falência — dessa tentativa insistente, mas nunca realizada — que a poesia se faz. É tudo muito difuso e sem explicação: "a aventura de sermos nós/ restitui-nos ao ser/ que fazemos de conta que somos". Não é fácil — e só por isso a poesia existe. Só porque não é fácil o poeta suporta seus versos. A poesia é um ofício que se realiza com as mãos vazias. É com as palavras que o poeta constrói não só o poema, mas também a amada. No fim das contas, mesmo sem dominá-las, as palavras são tudo o que temos. Bizarro instrumento de conhecimento: saber a verdade é desconhecê-la, é surpreender-se com ela. Nas mãos do poeta, a verdade não passa de um susto.

Daí o poeta não poder abrir mão da ansiedade. A ânsia como motor. O constante tremor. O pânico. Pede o poeta que não o deixem tranquilo, não lhe deem sossego, pois é do desassossego que suas palavras emergirão. Não existe poesia sossegada. A palavra não é um instrumento de tranquilidade, mas de intranquilidade. Não é um sedativo e não soluciona nada. Não consola e não resolve. Escrevemos "apesar de". As palavras, que nos abrem um caminho, também entravam nosso caminho. "Na praia do oriente/

sou areia náufraga/ de nenhum mundo", escreve Mia. Ele vê o poeta como um ser à deriva, de origem (semente) obscura, um náufrago que resiste ao sabor do acaso. Essa condição, porém, lhe fornece um precioso atributo: a escuta do silêncio. Nesse estado de deriva, se ele se perde e sofre, torna-se capaz, também, de traduzir em palavras o não dito. Outra vez: ao poeta cabe expressar aquilo que não se pode dizer. Aquilo que ninguém consegue dizer — nem ele mesmo —, mas que a poesia, de uma forma torta e obscura, consegue enfim capturar.

O poeta fala a língua áspera do chão. Senhor do nascimento, ele tem acesso a tudo que brota e germina. Aproxima-se da terra ainda em estado de nascença. Produz, então, uma escrita que se opõe à retórica e à pompa: uma escrita rasa, rasteira, sem afetação. Porque só assim é capaz de acessar as origens. De capturar as sementes que florescem no chão áspero. A escrita poética guarda, por isso mesmo, um "sotaque da terra". Na simples terra sobre a qual perder é, na verdade, conhecer-se. "Fui sabendo de mim/ por aquilo que perdia" Fala a poesia da potência da perda. Uma vez ainda: é preciso perder para que, enfim, se possa inventar.

Náufrago sem direção, o poeta deixa atrás de si — como os entulhos de um navio tombado — a pegada de seus escritos. "mas não lego/ mapa nem bússola" Ilusão dos que pretendem domesticar a poesia, dos que desejam enquadrá-la em normas, ou em conceitos, abrandar sua febre intensa. Do poeta — como os objetos que flutuam no oceano após um naufrágio — tudo o que temos são restos. Com essas sobras, nós leitores lidamos todo o tempo. Também com elas, a partir delas, outros poetas se põem, em um processo sem fim, a reinventar.

É assombroso como, lentamente, verso a verso, palavra a palavra, desentranhamos das páginas de Mia Couto uma poética. Poética do naufrágio — só do mar revolto o poeta arranca suas sementes. Poética do silêncio — fazer poesia não passa de uma forma discreta (e bela) de silenciar. Poética do parto. No avançar da leitura, os "Poemas escolhidos" de Mia Couto nos oferece uma espécie de mapa enlouquecido, no qual as sementes fervem, as palavras germinam, a poesia, enfim, nasce. Preso a sua incurável solidão, sozinho no grande deserto, Mia Couto constrói, como um clandestino que viaja oculto no porão das palavras, uma maneira singular e insubstituível de observar o mundo. A poesia admite tudo, admite qualquer pressão, ou proibição, só não suporta as algemas da série. Nenhuma ordem: não temos o poder de dirigir o germinar das sementes. Cada uma delas toma sua direção, seu formato, cada uma escolhe seu destino.

Ainda detido na metáfora da semente, o leitor percebe, aos poucos, que para a poesia a beleza não basta. Mais ainda: que a poesia não vem da beleza, mas da escuridão. Toda semente guarda seus segredos e é deles que alguma coisa se faz. Nessa escuridão, nos diz Mia Couto, o poeta "quase é". Ele está sempre na antessala da escrita. Habita, sem poder se libertar disso, o momento anterior. Só muito depois a palavra — atônita, incompleta — florescerá. É a semente tudo o que um poeta tem para mostrar. O poeta mora em uma terra parecida com a infância, quando "Entre casa e mundo/ nenhuma porta cabia". Uma terra "entre" — situada entre a potência e a coisa. A infância é o território do infinito e dele o poeta se alimenta. Ali tudo ainda está para nascer. Ali tudo ainda pode ser. Em plena cegueira, sem ver onde pisa ou o que tem nas mãos, o poeta se oferece como portador do futuro. Ele conhece as vantagens do minúsculo, entende o valor do que é pequeno, reconhece a potência do desconhecimento. Desse quase nada, dessas sobras, tudo pode nascer. Aqui, ele nos dá uma nova definição da saudade: "A saudade/ é o que ficou/ do que nunca fomos". A saudade não é a falta do que fomos, mas do que nunca fomos. Diante dela, só temos a palavra — a mentira, a invenção — como consolo.

IDADES CIDADES DIVINDADES

Idades

Idades

No início,
eu queria um instante.
A flor.

Depois,
nem a eternidade me bastava.
E desejava a vertigem
do incêndio partilhado.
O fruto.

Agora,
quero apenas
o que havia antes de haver vida.
A semente.

Biografia

Todo o meu nascer
foi prematuro.

Agora,
em meus filhos
me vou dando às luzes.

Descendo, sim,
dos que hão de vir.

A primeira vez da idade

A vez
que tive mais idade
foi aos cinco anos.

Meu pai,
com solenidade que eu desconhecia,
perante seus superiores hierárquicos,
apontou e disse:

— *Este é meu filho!*

E deu-me a mão
coroando-me rei.

A luz da dor

O meu modo de saber é adoecendo.

A uns, a ideia surge em luz.
A mim, se declara
uma pontada no peito.

O advento da dor,
o deflagrar da súbita febre
e eu sei que o meu corpo sabe.

Um dia destes
me desconhecerei vivo
desfalecido de aguda sapiência.

Até lá
repartirei com um anjo
o doce milagre da refeição.

Rosa

Não ascendo a rosa.
Fico por espinho, crosta, remorso.

Lição do gesto
de quem retira a mão,
gotejando sangue,
em castigo
de querer possuir
a beleza da flor.

Me sufoca o ser,
me assusta o querer ser.

O que mais quero ter
é a impossibilidade do ter.

O espelho

Esse que em mim envelhece
assomou ao espelho
a tentar mostrar que sou eu.

Os outros de mim,
fingindo desconhecer a imagem,
deixaram-me, a sós, perplexo,
com meu súbito reflexo.

A idade é isto: o peso da luz
com que nos vemos.

A lentidão da sede

A chegada dos bois
ao bebedouro
me ensina a espera,
o tempo da água
no corpo da terra.

O boi
não precisa que o sonhem.

O boi bebe
e os olhos se enchem de céu.

A tarde, terrestre,
se ajeita à esteira,
mulher se oferecendo
ao trançar dos cabelos.

Um dia, me cumprirei,
findo e final,
como os bois se acercam do bebedouro.

Um dia,
serei bebido pelo céu.

A adiada enchente

Velho, não.
Entardecido, talvez.
Antigo, sim.

Me tornei antigo
porque a vida,
tantas vezes, se demorou.
E eu a esperei
como um rio aguarda a cheia.

Gravidez de fúrias e cegueiras,
os bichos perdendo o pé,
eu perdendo as palavras.

Simples espera
daquilo que não se conhece
e, quando se conhece,
não se sabe o nome.

Ignorância

A minha morte
foi tão breve
que nem dei conta da lágrima.

Uns levam caixão
para ir para a terra.

Eu vou
de terra para o chão.

O tempo e seus suspiros

Deito-me
para desinflamar
a angústia.

Aos poucos,
meu cansaço
vai perdendo convicção.

A velhice é uma insónia:
deitamo-nos
e quem dorme é a cama.

Desleitos

Recuso o leito.
Quero dormir
onde não tenha cabimento.

O problema da cama
é que, tal como no caixão,
ganhamos o tamanho da tábua.

Para sonhar,
prefiro o inteiro chão.

Tenho a sede
do embondeiro:
ao invés de beber,
eu engulo o chão inteiro.

Lições

Não aprendi a colher a flor
sem esfacelar as pétalas.
Falta-me o dedo menino
de quem costura desfiladeiros.

Criança, eu sabia
suspender o tempo,
soterrar abismos
e nomear as estrelas.
Cresci,
perdi pontes,
esqueci sortilégios.

Careço da habilidade da onda,
hei de aprender a carícia da brisa.

Trémula, a haste
me pede
o adiar da noite.

Em véspera da dádiva,
a faca me recorda, no gume do beijo,
a aresta do adeus.

Não, não aprenderei
nunca a decepar flores.

Quem sabe, um dia,
eu, em mim, colha um jardim?

Biofagia

Meu vício
é vitalício: comer a Vida
deitando-a entontecida
sobre o linho do idioma.

Nesse leito transverso
dispo-a com um só verso.

Até chegar ao fim da voz.

Até ser um corpo sem foz.

Tardio

Quando quis ser fruto
fui fome,
não mais do que areia
de um chão sem cio.

Quando sonhei ser pano
fui agulha.
E morri no sono do gesto
de enrolar o fio.

Quando aprendi a ser poente
já não havia céu.

Quando quis anoitecer
tudo era luz.

E assim me condeno
em livre vício:
no mais derradeiro
eu só vislumbro um início.

Cidades

Errar

Na escolinha,
a menina,
propícia a equívocos, disse:
— *Masculino de noiva é navio.*

Repreenderam, riscaram, descontaram.

Mas ela estava certa.

Noivados são mares
de barcos pares.

O outro idioma

Inquirido
sobre a sua fluência
em português, respondeu:

— *Tenho duas línguas:*
uma para mentir,
outra para ser enganado.

A professora
ainda perguntou:
— *E qual delas é o português?*

— *Já não me lembro*, respondeu.

O pecado do rio

Na igreja,
Rosarinho se confessou:
engravidei do rio, senhor padre.

Com gesto de água
arredondou o ventre.

O padre
se enrugou:
ela que não usasse desculpa
para os seus mortais pecados.

A ofensa tremia
na voz dela quando retorquiu:
— *Desculpe, padre,*
mas Nossa Senhora
não emprenhou de um feixe de luz?

Para mais, acrescentou Rosarinho,
o senhor padre
nem nunca, nem jamais viu esse rio.
E rematou
com lânguida saudade: *aquele ondear,*
as tonturas que ele traz...

Pegou o padre pela mão
e o convidou a descer o vale.

Agora,
todas as noites
o padre se banha
nas águas do rio pecador.

Doença

O médico serenou Juca Poeira.
Que ele já não padecia da doença
que ali o trouxera em tempos.

E o doutor disse o nome
da falecida enfermidade:
"*Arritmia paroxística supraventricular*"

Juca escutou, em silêncio,
com pesar de quem recebe condenação.

As mãos cruzadas no colo
diziam da resignada aceitação.

Por fim, venceu o pudor
e pediu ao médico
que lhe devolvesse a doença.

Que ele jamais tivera
nada tão belo em toda a sua vida.

Desilusão

Desiludido com o mundo,
Afrânio concluiu: *"uns são filhos da puta,
outros só não o são
porque a mãe é estéril"*

Decidido ao suicídio,
no alto da falésia hesitou:
*"no mar não me lanço
que é demasiada sepultura.
Como receberei flores
entre tanto peixe faminto?"*

Ante a fogueira, Afrânio desfez as contas:
*"Na labareda, não.
Como me distinguiria,
depois, entre a cinza da lenha ardida?"*

Quando na alta copa se pensou pendurar,
uma vez mais ele se avaliou.
E recordou o vizinho Salomão
que, de enforcado, se converteu em fruto,
seiva correndo na veia,
polpa viva a seduzir a passarada.

Afrânio regressou a casa,
resfregou as solas sobre os tapetes,
a esposa festejou o novo alento.

Engano seu, mulher, respondeu Afrânio.
Eu apenas escolhi outro suicídio.
A minha morte é este viver.

Estrada de terra, na minha terra

Na minha terra
há uma estrada tão larga
que vai de uma berma à outra.

Feita tão de terra
que parece que não foi construída.
Simplesmente, descoberta.

Estrada tão comprida
que um homem
pode caminhar sozinho nela.

É uma estrada
por onde não se vai nem se volta.

Uma estrada
feita apenas para desaparecermos.

Versos do prisioneiro (1)

Deixei de rezar.

Nas paredes
rabiscadas de obscenidades
nenhum santo me escuta.

Deus vive só
e eu sou o único
que toca a sua infinita lágrima.

Deixei de rezar.

Deus está numa outra prisão.

Versos do prisioneiro (2)

Não é de amor que careço.

Sofro apenas
da memória de ter amado.

O que mais me dói,
porém,
é a condenação
de um verbo sem futuro.

Amar.

Versos do prisioneiro (3)

Não me quero fugitivo.
Fugidio me basta.

Dentro do pássaro há uma grade,
um eterno confinar de gaiola.

Da liberdade das aves,
outros poetas falaram.

Eu falo da tristeza do voo:
a asa é maior que o inteiro firmamento.

Quando abrirem as portas
eu serei, enfim,
o meu único carcereiro.

Versos do prisioneiro (4)

Mãos frias
sobre os ferros frios.

O meu corpo não me reconhece,
o meu ser perdeu o espelho.

De que lado está a cidade?

Para quê as grades
se já não sei
de que lado dorme a cela?

Estes ferros meus,
meu corpo mineral,
estranham, em mim,
as mãos
que já foram minhas.

Versos do prisioneiro (5)

A planta
do pé sobre o granito
estremece,
saudosa da terra que possa pisar.

Meu peito de pedra chora:
que poeira me pode manchar?

Eu já só rezo
por um chão cheiroso
onde possa sujar meus tristes pés.

Fosse essa minha pátria,
simples pó sob o meu passo.

Os outros querem a liberdade.

Eu quero
uma tarde onde pousem sombras.

Versos do prisioneiro (8)

Noturno sou,
mas sem noite.

A grade já não mais
me prende a morada:
a treva sou eu,
o escuro morreu.

Eis o meu segredo:
todas as noites
me deito num livro
para em outra vida desaguar.

Rio escapando da margem,
margem escarpando um rio.

Já quis riqueza.
Roubei,
aluguei a alma
alarguei tendões
para abarcar posses.

Agora,
meu ouro é a palavra.
Agora, a poesia
é a minha única visita de família.

E quando me notam,
noturno no canto mais escuro,
não dão conta
da minha silenciosa evasão
nem escutam
o tilintar das chaves em minha mão.

Presos, agora,
apenas os que não entram
em meu novo cárcere.

Versos do prisioneiro — A sentença

Você
tem que aprender
a respeitar a vida humana, disse o juiz.

Parecia justo.

Mas o juiz
não sabia que, para muitos,
a vida não é humana.

O prisioneiro retorquiu:
há muito me demiti de ser pessoa.

E proferiu, por fim:
um dia,
a nossa vida será, enfim,
viva e nossa.

Versos do prisioneiro — Última carta do preso ao poeta

Durmo sem corpo
como um cão
que, em si mesmo,
inventa um travesseiro.

Enroscado como o feto
que adia o dia
e procura a luz
na raiz do próprio ventre.

Aqui se dorme como se vive:
com pouca pátria e muita insónia.

Dormirei tudo, sim,
quando valer a pena despertar.

No enquanto da espera,
me vou, por vezes, suicidando.
Nesses dias, não risco o tempo nas paredes.

E é tanto o desejo de desviver
que já não me basta morrer.

A morte perdeu validade,
de tanto nela me aconchegar.

A ausência que desejo
é a da viagem sem distância,
sombra sem teto nem parede.
Onde reine, não o silêncio,
mas a palavra emudecida.

Que eu sonho a morte
como o poeta quer o poema:
um falso morrer
de quem não quer viver em falso.

Divindades

O amor, meu amor

(Para a Patrícia)

Nosso amor é impuro
como impura é a luz e a água
e tudo quanto nasce
e vive além do tempo.

Minhas pernas são água,
as tuas são luz
e dão a volta ao universo
quando se enlaçam
até se tornarem deserto e escuro.
E eu sofro de te abraçar
depois de te abraçar para não sofrer.

E toco-te
para deixares de ter corpo
e o meu corpo nasce
quando se extingue no teu.

E respiro em ti
para me sufocar
e espreito em tua claridade
para me cegar,
meu Sol vertido em Lua,
minha noite alvorecida.

Tu me bebes
e eu me converto na tua sede.
Meus lábios mordem,
meus dentes beijam,
minha pele te veste
e ficas ainda mais despida.

Pudesse eu ser tu
e em tua saudade ser a minha própria espera.

Mas eu deito-me em teu leito
quando apenas queria dormir em ti.

E sonho-te
quando ansiava ser um sonho teu.

E levito, voo de semente,
para em mim mesmo te plantar
menos que flor: simples perfume,
lembrança de pétala sem chão onde tombar.

Teus olhos inundando os meus
e a minha vida, já sem leito,
vai galgando margens
até tudo ser mar.
Esse mar que só há depois do mar.

Sementes

Olhos,
vale tê-los,
se, de quando em quando,
somos cegos
e o que vemos
não é o que olhamos
mas o que o olhar semeia no mais denso escuro.

Vida
vale vivê-la
se, de quando em quando,
morremos
e o que vivemos
não é o que a Vida nos dá
nem o que dela colhemos
mas o que semeamos em pleno deserto.

Lembrança alada

Em alguma vida fui ave.

Guardo memória
de paisagens espraiadas
e de escarpas em voo rasante.

E sinto em meus pés
o consolo de um pouso soberano
na mais alta copa da floresta.

Liga-me à terra
uma nuvem e seu desleixo de brancura.

Vivo a golpes
com coração de asa
e tombo como um relâmpago
faminto de terra.

Guardo a pluma
que resta dentro do peito
como um homem guarda o seu nome
no travesseiro do tempo.

Em alguma ave fui vida.

Mulher

Solteira, chorei.

Casada, já nem lágrima tive.

Viúva, perdi olhos
para tristezas.

O destino da mulher
é esquecer-se de ser.

Percurso

Viajaste
sob árvores sem sombra.

Pisaste
a carne da pedra,
rasgaste
o fio da água.

E aprendeste:
o teu gesto
não é destinado a ter dimensão.

Agora, sabes:
teus braços foram feitos
para abraçar horizontes.

És maior que o voo do sono.
E voltas a ser nada
quando infinito te pensas.

Da terra

Terra nas unhas,
sem lençol, adormeço.

Pés encardidos,
nas pestanas
o peso da poeira.

Meus olhos
calam o dia,
fecham-se as asas da última garça.

Uns lavram a terra,
Eu durmo lavado pela terra.

Depoimento

Eis o meu contento:
nunca pisei chão que fosse meu.

E o quanto sonhei
foi um desfolhar de estação,
uma pluma sem destino.

Eu vi o vazar dos rios
e vivi sem saber onde eu estava vivo.

E amei
como se nunca antes
ninguém tivesse amado.

Eu sonhei
como se fosse o último primeiro homem.

Elementos

Era água, mas ardia.

No centro do teu corpo
ardia.

Como um sol em plena chuva
ardia.

Era boca, mas navegava.

Entre beijo e barco se perdia,
água já sem viagem,
navegava.

Rumo a um destino
que fica depois do lugar derradeiro
navegava.

Pensei que era a noite,
mas era a terra.

Em mim se deitava um corpo
e era eu que me erguia
vazio como um rio nu.

Terra que entreabria e penetrava
e, afinal, era semente,
flecha de luz,
cinza antes do fogo,
semente

No falso suicídio da estrela-cadente
era terra,
água,
semente.
Tu.

Avesso bíblico

No início,
já havia tudo.

Mas Deus era cego
e, perante tanto tudo,
o que ele viu foi o Nada.

Deus tocou a água
e acreditou ter criado o oceano.

Tocou o chão
e pensou que a terra nascia sob os seus pés.

E quando a si mesmo se tocou
ele se achou o centro do Universo.
E se julgou divino.

Estava criado o Homem.

Cego

Cego é o que fecha os olhos
e não vê nada.

Pálpebras fechadas, vejo luz.
Como quem olha o sol de frente.

Uns chamam escuro
ao crepúsculo
de um sol interior.

Cego é quem só abre os olhos
quando a si mesmo se contempla.

A espera

Aguardo-te
como o barro espera a mão.

Com a mesma saudade
que a semente sente do chão.

O tempo perde a fonte
e a manhã
nasce tão exausta
que a luz chega apenas pela noite.

O relógio tomba
e o ponteiro se crava
no centro do meu peito.

Fui morto pelo tempo
no dia em que te esperei.

A demora

O amor nos condena:
demoras
mesmo quando chegas antes.
Porque não é no tempo que eu te espero.

Espero-te antes de haver vida
e és tu quem faz nascer os dias.

Quando chegas
já não sou senão saudade
e as flores
tombam-me dos braços
para dar cor ao chão em que te ergues.

Perdido o lugar
em que te aguardo,
só me resta água no lábio
para aplacar a tua sede.

Envelhecida a palavra,
tomo a lua por minha boca
e a noite, já sem voz,
se vai despindo em ti.

O teu vestido tomba
e é uma nuvem.
O teu corpo se deita no meu,
um rio se vai aguando até ser mar.

O beijo e a lágrima

Quero um beijo, pediu ela.

Um, sismo
abalou o peito dele.
E devotou o calor
de lava dos seus lábios,
entontecida água na cascata.

Quando terminou
ela tinha os olhos rasos de água.

Entusiasmado,
ele se preparou para, de novo,
duplicar o corpo e regressar à vertigem do beijo.

Mas ela o fez parar.

Só queria um beijo.
Um único beijo para chorar.

Há anos que não pranteava.
E a sua alma se convertia
em areia do deserto.

Encantada,
ela no dedo recolheu a lágrima.
E se repetiu o gesto
com que Deus criou o Oceano.

O poeta

O poeta não gosta de palavras:
escreve para se ver livre delas.

A palavra
torna o poeta
pequeno e sem invenção.

Quando,
sobre o abismo da morte,
o poeta escreve *terra*,
na palavra ele se apaga
e suja a página de areia.

Quando escreve *sangue*
o poeta sangra
e a única veia que lhe dói
é aquela que ele não sente.

Com raiva,
o poeta inicia a escrita
como um rio desflorando o chão.
Cada palavra é um vidro em que se corta.

O poeta não quer escrever.
Apenas ser escrito.

Escrever, talvez,
apenas enquanto dorme.

A condenação

Cansado da poesia,
o poeta levou os seus poemas
para junto de um rio.

Queria rasgar os versos
um por um,
dilacerar a palavra,
truncar a ideia,
desfibrar o coração.

Para o fim da poesia
procurou um rio que não tivesse nome.
Teria que ser assim:
junto a um rio sem nome.

Nele afogaria a letra,
dissolveria a tinta,
liquefaria rima e metáfora.

Andou, cirandou: mas onde quer
que corresse um fio de água
fluía junto um nome
como se toda a água nascesse da palavra.

Deu volta ao mundo,
chegou onde não havia mais mundo:
em nenhum lado
figurava o inominado riachinho.

Cansado,
o poeta regressou à sua aldeia
e reincidiu na sua inicial angústia.
Ali, no pequeno ribeiro de sua terra natal,
ele sentou o seu desespero
e decepou os cadernos,
desmembrou a escrita
e afogou os papéis
até que deixaram de respirar.

Chegou-se um peixe
e, de um golpe, comeu um verso.
No seguinte instante,
lhe cresceram asas
e o peixe soltou um voo de garça
para ganhar os vastos céus.

Dos papéis
que restavam em suas mãos
emergiu um braço de mulher
que, em dissolvente carícia,
por sonhos o fez viajar.

Nessa noite,
de regresso a si mesmo,
o poeta
escreveu derradeiros versos
para matar de vez a poesia.

Acedeu, por fim,
à pequena morte do sono
desconhecendo
que, mesmo adormecido,
dentro de si
seguia fluindo
o único rio sem nome.

RAIZ DE ORVALHO E OUTROS POEMAS

Identidade

Preciso ser um outro
para ser eu mesmo

Sou grão de rocha
Sou o vento que a desgasta

Sou pólen sem inseto

Sou areia sustentando
o sexo das árvores

Existo onde me desconheço
aguardando pelo meu passado
ansiando a esperança do futuro

No mundo que combato
morro
no mundo por que luto
nasço

Trajeto

Na vertigem do oceano
vagueio
sou ave que com o seu voo
se embriaga
Atravesso o reverso do céu
e num instante
eleva-se o meu coração sem peso
Como a desamparada pluma
subo ao reino da inconstância
para alojar a palavra inquieta
Na distância que percorro
eu mudo de ser
permuto de existência
surpreendo os homens
na sua secreta obscuridade
transito por quartos
de cortinados desbotados
e nas calcinadas mãos
que esculpiram o mundo
estremeço como quem desabotoa
a primeira nudez de uma mulher

Palavra que desnudo

Entre a asa e o voo
nos trocamos
como a doçura e o fruto
nos unimos
num mesmo corpo de cinza
nos consumimos
e por isso
quando te recordo
percorro a impercetível
fronteira do meu corpo
e sangro
nos teus flancos doloridos
Tu és o encoberto lado
da palavra que desnudo

Primeira palavra

Aproxima o teu coração
e inclina o teu sangue
para que eu recolha
os teus inacessíveis frutos
para que prove da tua água
e repouse na tua fronte
Debruça o teu rosto
sobre a terra sem vestígio
prepara o teu ventre
para a anunciada visita
até que nos lábios humedeça
a primeira palavra do teu corpo

Desencontro (1)

Não ter morada
habitar
como um beijo
entre os lábios
fingir-se ausente
e suspirar
(o meu corpo
não se reconhece na espera)
percorrer com um só gesto
o teu corpo
e beber toda a ternura
para refazer
o rosto em que desapareces
o abraço em que desobedeces

Desencontro (2)

No avesso das palavras
na contrária face
da minha solidão
eu te amei
e acariciei
o teu impercetível crescer
como carne da lua
nos noturnos lábios entreabertos

E amei-te sem saberes
amei-te sem o saber
amando de te procurar
amando de te inventar

No contorno do fogo
desenhei o teu rosto
e para te reconhecer
mudei de corpo
troquei de noites
juntei crepúsculo e alvorada

Para me acostumar
à tua intermitente ausência
ensinei às timbilas
a espera do silêncio

Regresso

Voltar
a percorrer o inverso dos caminhos
reencontrar a palavra sem endereço
e contra o peito insuficiente
oferecer a lágrima que não nos defende

Recolher as marcas da minha lonjura
os sinais passageiros da loucura
e adormecer pela derradeira vez
nos lençóis em que anoitecemos

Reencontrar secretamente
o fugaz encanto
o perfeito momento
em que a carne tocou a fonte
e o sangue
fora de mim
procurou o seu coração primeiro

Confidência

Diz o meu nome
pronuncia-o
como se as sílabas te queimassem os lábios
sopra-o com a suavidade
de uma confidência
para que o escuro apeteça
para que se desatem os teus cabelos
para que aconteça

Porque eu cresço para ti
sou eu dentro de ti
que bebe a última gota
e te conduzo a um lugar
sem tempo nem contorno

Porque apenas para os teus olhos
sou gesto e cor
e dentro de ti
me recolho ferido
exausto dos combates
em que a mim próprio me venci

Porque a minha mão infatigável
procura o interior e o avesso
da aparência
porque o tempo em que vivo
morre de ser ontem
e é urgente inventar
outra maneira de navegar
outro rumo outro pulsar
para dar esperança aos portos
que aguardam pensativos

No húmido centro da noite
diz o meu nome
como se eu te fosse estranho
como se fosse intruso
para que eu mesmo me desconheça
e me sobressalte
quando suavemente
pronunciares o meu nome

Saudade

Magoa-me a saudade
do sobressalto dos corpos
ferindo-se de ternura
dói-me a distante lembrança
do teu vestido
caindo aos nossos pés

Magoa-me a saudade
do tempo em que te habitava
como o sal ocupa o mar
como a luz recolhendo-se
nas pupilas desatentas

Seja eu de novo tua sombra, teu desejo,
tua noite sem remédio
tua virtude, tua carência
eu
que longe de ti sou fraco
eu
que já fui água, seiva vegetal
sou agora gota trémula, raiz exposta

Traz
de novo, meu amor,
a transparência da água
dá ocupação à minha ternura vadia
mergulha os teus dedos
no feitiço do meu peito
e espanta na gruta funda de mim
os animais que atormentam o meu sono

Pergunta-me

Pergunta-me
se ainda és o meu fogo
se acendes ainda
o minuto de cinza
se despertas
a ave magoada
que se queda
na árvore do meu sangue

Pergunta-me
se o vento não traz nada
se o vento tudo arrasta
se na quietude do lago
repousaram a fúria
e o tropel de mil cavalos

Pergunta-me
se te voltei a encontrar
de todas as vezes que me detive
junto das pontes enevoadas

e se eras tu
quem eu via
na infinita dispersão do meu ser
se eras tu
que reunias pedaços do meu poema
reconstruindo
a folha rasgada
na minha mão descrente

Qualquer coisa
pergunta-me qualquer coisa
uma tolice
um mistério indecifrável
simplesmente
para que eu saiba
que queres ainda saber
para que mesmo sem te responder
saibas o que te quero dizer

Ser, parecer

Entre o desejo de ser
e o receio de parecer
o tormento da hora cindida

Na desordem do sangue
a aventura de sermos nós
restitui-nos ao ser
que fazemos de conta que somos

Para ti

Foi para ti
que desfolhei a chuva
para ti soltei o perfume da terra
toquei no nada
e para ti foi tudo

Para ti criei todas as palavras
e todas me faltaram
no minuto em que talhei
o sabor do sempre

Para ti dei voz
às minhas mãos
abri os gomos do tempo
assaltei o mundo
e pensei que tudo estava em nós
nesse doce engano
de tudo sermos donos
sem nada termos
simplesmente porque era de noite
e não dormíamos
eu descia em teu peito

para me procurar
e antes que a escuridão
nos cingisse a cintura
ficávamos nos olhos
vivendo de um só olhar
amando de uma só vida

Solidão

Aproximo-me da noite
o silêncio abre os seus panos escuros
e as coisas escorrem
por óleo frio e espesso

Esta deveria ser a hora
em que me recolheria
como um poente
no bater do teu peito
mas a solidão
entra pelos meus vidros
e nas suas enlutadas mãos
solto o meu delírio

É então que surges
com teus passos de menina
os teus sonhos arrumados
como duas tranças nas tuas costas
guiando-me por corredores infinitos
e regressando aos espelhos
onde a vida te encarou

Mas os ruídos da noite
trazem a sua esponja silenciosa
e sem luz e sem tinta
o meu sonho resigna

Longe
os homens afundam-se
com o caju que fermenta
e a onda da madrugada
demora-se de encontro
às rochas do tempo

Noturnamente

Noturnamente te construo
para que sejas palavra do meu corpo

Peito que em mim respira
olhar em que me despojo
na rouquidão da tua carne
me inicio
me anuncio
e me denuncio

Sabes agora para o que venho
e por isso me desconheces

Ânsia

Não me deixem tranquilo
não me guardem sossego
eu quero a ânsia da onda
o eterno rebentar da espuma

As horas são-me escassas:
dai-me o tempo
ainda que o não mereça
que eu quero
ter outra vez
idades que nunca tive
para ser sempre
eu e a vida
nesta dança desencontrada
como se de corpos
tivéssemos trocado
para morrer vivendo

Poema de despedida

Não saberei nunca
dizer adeus

Afinal,
só os mortos sabem morrer

Resta ainda tudo,
só nós não podemos ser

Talvez o amor,
neste tempo,
seja ainda cedo

Não é este sossego
que eu queria,
este exílio de tudo,
esta solidão de todos

Agora
não resta de mim
o que seja meu
e quando tento
o magro invento de um sonho
todo o inferno me vem à boca

Nenhuma palavra
alcança o mundo, eu sei
Ainda assim,
escrevo

Ave

Seria um pássaro

No sono das asas
ondulava
toda a solidão do céu

Terrestre,
só a fugitiva sombra

Paisagem nenhuma
lhe dava abrigo

Pousado,
o corpo
de si mesmo se exilava

Nos ensinava
a deslumbrância da viagem
a nós que só na morte
olharemos os céus de frente

Poema mestiço

escrevo mediterrâneo
na serena voz do Índico

sangro norte
em coração do sul

na praia do oriente
sou areia náufraga
de nenhum mundo

hei de
começar mais tarde

por ora
sou a pegada
do passo por acontecer

Árvore

cego
de ser raiz

imóvel
de me ascender caule

múltiplo
de ser folha

aprendo
a ser árvore
enquanto
iludo a morte
na folha tombada do tempo

(Escre)ver-me

nunca escrevi

sou
apenas um tradutor de silêncios

a vida
tatuou-me nos olhos
janelas
em que me transcrevo e apago

sou
um soldado
que se apaixona
pelo inimigo que vai matar

Protesto contra a lentidão das fontes

Vazaram-se as luas da savana
ossadas pálidas emigraram
dos corpos para o chão
ajoelharam-se os bois
exaustos de carregarem o sol

Escureceram as horas
nomeadas pela fome
extinguiu-se o sangue da terra
esvaiu-se o leite
num coágulo de saudade

Restam troncos
sustendo gemidos
mães oblíquas sonhando migalhas
mendigando crenças
para salvar os filhos já quase terrestres

Quem protege estes meninos
feitos da chuva que não veio?
Que casa lhes havemos de dar?

Amanhã
quando se entornarem os cântaros do céu
as aves voltarão a roçar a lua
e as cigarras de novo espalharão seu canto

Mas dos meninos
talhados a golpes de poeira
quantos restarão
para saudar o amanhecer dos frutos?

Sotaque da terra

Estas pedras
sonham ser casa

sei
porque falo
a língua do chão

nascida
na véspera de mim
minha voz
ficou cativa do mundo,
pegada nas areias do Índico

agora,
ouço em mim
o sotaque da terra

e choro
com as pedras
a demora de subirem ao sol

Promessa de uma noite

cruzo as mãos
sobre as montanhas
um rio esvai-se
ao fogo do gesto
que inflamo

a lua eleva-se
na tua fronte
enquanto tateias a pedra
até ser flor

Onze anos, última morte

quando chegou
a décima primeira fome
teus ombros solares
aceitaram o arco final
e a farinha parou
na saliva da memória

teu rosto rendeu-se
à pedra que rasteja
e agora só tua alma pequenina
se move a beber
num riacho que não vemos

a culpa foi tua
por pedires licença à vida
no ventre deste tempo

ó filho da ausência:
quem te disse para vires?

se quiseres ser do mundo
regressa depois
quando tua boca não for demasiada
e o pão que sobrar
te fizer sequer lembrar
que já morreste

Fui sabendo de mim

Fui sabendo de mim
por aquilo que perdia

pedaços que saíram de mim
com o mistério de serem poucos
e valerem só quando os perdia

fui ficando
por umbrais
aquém do passo
que nunca ousei

eu vi
a árvore morta
e soube que mentia

Companheiros

quero escrever-me de homens
quero calçar-me de terra
quero ser
a estrada marinha
que prossegue depois do último caminho

e quando ficar sem mim
não terei escrito
senão por vós
irmãos de um sonho
por vós
que não sereis derrotados

deixo-vos
a paciência dos rios
a idade dos livros que não se desfolham

mas não lego
mapa nem bússola
porque andei sempre
sobre meus pés
e doeu-me às vezes viver
hei de inventar
um verso que vos faça justiça

por ora
basta-me o arco-íris
em que vos sonho

basta-me saber que morreis demasiado
por viverdes de menos
mas que permaneceis sem preço

companheiros

Pequeninura do morto e do vivo

O morto
abre a terra: encontra um ventre

O vivo
abre a terra: descobre um seio

Carta

Tenho demasiado sono para alimentar crenças. Das casas vou preferindo os cantos interiores, obsessivas sombras em que vou julgando. Se me acerco das janelas é apenas para ver o longe, as ténues linhas do azul inatingível. As portas, fechadas ou abertas, pouco valem. Desfaleceram com o desencanto dos caminhos. Vou ficando pela distração de desejos mansos, sem guardar réstia de glória nem consolo. Assim, dou feriado à minha existência.

Sofro a fadiga das viagens que nunca ousei. Mas não me dedico nenhum desalento. Porque mantenho dos índios o preceito de envolver com panos os cascos dos cavalos guerreiros. Assim protejo a gravidez da terra. Fica a esperança: outros farão vencer as nossas pequenas razões. Saberemos então do seu tamanho, da sua pressa de ser cedo.

De tanto pensarmos fomos ficando sós. De amarmos venceremos o cerco dessa solidão. Que este cansaço sirva, ao menos, para não culparmos nada nem ninguém.

TRADUTOR DE CHUVAS

Cores de parto

O que eu vi,
à nascença, foi o céu.

No rasgão da retina,
a desatada luz: o meu segundo oceano.

Aprendi a ser cego
antes de, em linha e cor,
o mundo se revelar.

O que depois vi,
ainda sem saber que via,
foram as mãos.

Parteiros gestos
me ensinaram quanto,
das mãos,
a vida inteira vamos nascendo.
As mãos foram,
assim, o meu segundo ventre.

Luz e mãos
moldaram a impossível fronteira
entre oceano e ventre.

Luz e mãos
me consolaram
da incurável solidão de ter nascido.

Saudade

Que saudade
tenho de nascer.

Nostalgia
de esperar por um nome
como quem volta
à casa que nunca ninguém habitou.

Não precisas da vida, poeta.
Assim falava a avó.

Deus vive por nós, sentenciava.

E regressava às orações.

A casa voltava
ao ventre do silêncio
e dava vontade de nascer.

Que saudade
tenho de Deus.

Ignorâncias paternas

Altas horas,
já secos cuspos e copos,
meu pai dizia:
vou reparar o teto.

E saía, para além da noite,
por interditos caminhos.

Minha mãe
retorcia a alma
nas magras mãos.

No peito, não no ventre,
a mãe vai gerando filhos.

Por trás dos cortinados,
seu olhar se desfiava
no longo rosário da espera.

Cegos para as suas fadigas
nós, os filhos,
pedíamos que nos alonjasse o medo.

E a voz dela acontecia
como inundação do rio:
lavando águas e tristezas.

Pobre do vosso pai, suspirava.
Que pena ela dele sentia
que, no escuro, em vão procurava.

A nossa casa, de tão alta,
não poderia nunca ter telhado.

Filhos deitados,
medos dormindo:
antes do meu pai regressar
já minha mãe
tinha reparado
as telhas todas do mundo.

Clandestino

Na penumbra da tarde,
o mundo morto,
a meu passo, despertava.

Não era o amor
que eu procurava.
Buscava o amar.

Na casa em ruínas,
te despias
para que me deixasse cegar.

Voz transpirada,
suplicavas que te chamasse no escuro.

Em ti, porém,
eu amava
quem não tem nome.

Na casa arruinada
te amei e te perdi
como a ave que voa
apenas para voltar a ter corpo.

Na penumbra da tarde,
tu me ensinaste a nascer.

Na noturna claridade
me esqueci
que nunca havias nascido.

Verniz

No degrau da rua,
a moça pinta as unhas.

Dobrado em lua,
seu corpo tem a delicada intenção do ourives:
na decimal tela das mãos
inventa lábios
que o destino virá beijar.

Fadigosa obra,
tão incontáveis os dedos da vaidade.

A moça demora-se
mais que a derradeira luz
e as velhas passam e benzem-se,
limpando lembranças
de suas primeiras mãos.

Afinal, não é o corpo
o que a menina pinta.

O verniz vermelho,
como salpicados coágulos,
lhe amortalha o gesto.

Debaixo da tinta
uma morte se oculta:
a sua,
de menina tão menina
que nem precisava de ser linda.

Testamento da mulher suspensa

Eis o que vos deixo:
um leve gosto
de renascer lembrada.

E um falso desejo de ser esquecida.

Que eu virei
buscar a espuma da onda
que ficou para sempre por quebrar.

Beleza não me bastou:
o que quis ser
foram cetins de fogo,
pétalas de cinza depois do abraço.

Nem flor invejei:
o que mais ilumina
vem de um oceano escuro.
Esperanças tive: todas naufragaram
ante cansaços e remorsos.
Procurei ilhas e mares:
só havia viagens,
travessias de água
nos olhos de quem amei.

Num mundo com remédios parcos
não clamei bravuras.
Injusto é viver
em perecível ser.

Menina,
aprendi a desenrolar tapetes
em rasos pátios voadores,
varandas maiores que o mundo
onde o tempo à nossa mão vinha beber.

Meus pequenos dedos
rasgaram céus,
mas o ensejo era largo:
em mim secaram
lembranças de um mar antigo.

Assim,
tudo o que sou
já fui
na criança que sonhou ser tudo.

Meus lutos, sem emenda, carrego:
viuvez de mulher
não vem de marido.

Vem do amor não mais sonhado.

Com a fragilidade de um riso
enfrentei ruínas e derrotas
e apenas a vida, calada, me calou.

Tudo falei com meus amantes.
Perante o amor, porém, não tive palavra.

O que da vida me restou:
pegadas alheias sob meus pés molhados.

Viver sabe quem ainda vai viver.

Deixo-me,
mulher que quase foi,
à mulher que nunca fui.

O degrau da lágrima

Nasci numa casa com escada.

Aquela escada,
dizem,
nasceu antes da casa.

O seu motivo
era o de todas as escadas:
medo de sermos terra,
temor de lavas e monstros.

Alteada sobre os céus
a casa era mais que um ventre.
Era um farol.

Nesse farol sem mar,
me lembro chorando
sobre o primeiro degrau.

Chorar é lá fora, advertia o pai.
Lágrimas
murcham aquém da porta:
esse era o mando.

A proibição da lágrima
se somava ao interdito do chão:
medo dos rios,
das indomáveis enchentes.

Ainda hoje
uma voz antiga,
dentro de mim, incita:
aprende do pranto
o parto das fontes.

Sempre que chorares,
nascerás uma outra vez.

Tradutor de chuvas

Um lenço branco
apaga o céu.

A fala da asa
vai traduzindo chuvas:
não há adeus
no idioma das aves.

O mundo voa
e apenas o poeta
faz companhia ao chão.

As ruas

No tempo
em que havia ruas,
ao fim da tarde
minha mãe nos convocava:
era a hora do regresso.

E a rua entrava
connosco em casa.

Tanto o Tempo
morava em nós
que dispensávamos futuro.

Recolhida em meu quarto,
a cidade adormecia
no mesmo embalo da nossa mãe.

À entrada da cama,
eu sacudia a areia dos sonhos
e despertava vidas além.

Entre casa e mundo
nenhuma porta cabia:
que fechadura encerra
os dois lados do infinito?

O bairro da minha infância

Não são as criaturas que morrem.

É o inverso:
só morrem as coisas.

As criaturas não morrem
porque a si mesmas se fazem.

E quem de si nasce
à eternidade se condena.

Uma poeira de túmulo
me sufoca o passado
sempre que visito o meu velho bairro.

A casa morreu
no lugar onde nasci:
a minha infância
não tem mais onde dormir.

Mas eis que,
de um qualquer pátio,
me chegam silvestres risos
de meninos brincando.

Riem e soletram
as mesmas folias
com que já fui soberano
de castelos e quimeras.

Volto a tocar a parede fria
e sinto em mim o pulso
de quem para sempre vive.

A morte
é o impossível abraço da água.

Parto e pranto

Soube o que era chorar
quando Amélia,
no funeral do irmão,
em lágrimas se desabotoou.

Rosto desprotegido,
mãos em desmaio,
aquele pranto fazia inexistir
as tristezas todas do mundo.

Não era compaixão
o que no peito me doía.

Invejava nela a fraqueza,
a coragem desse desamparo.

Não invejes, meu filho, disse minha mãe.
Chorar assim, só uma santa.

Aquelas lágrimas
eram para Deus: não havia chão para as receber.

No regresso a casa,
a minha mão estremeceu, indefesa,
sobre o ombro de Amélia.

E como era extenso o ombro de Amélia.

Meu trémulo dedo
a lágrima enxugou.

Ela me olhou,
com modos de ausência.

A sua voz era uma brisa
no dizer da surpresa: *chorei, eu?*

A tristeza mais triste
é dos que nem sabem que choram.

Seios e anseios

As vezes que morri
boca derramada entre os teus seios,
todas essas vezes
não me deram luto
porque, de mim, eu em ti nascia.

Todos esses abismos,
meu amor,
não me deram regresso.

Depois de ti,
não há caminhos.

Porque eu nasci
antes de haver vida,
depois de tu chegares.

Frutos

A bondade da mangueira
não é o fruto.

É a sombra.

A térrea,
quotidiana,
abnegada sombra:
no inverso do suor colhida,
no avesso da mão guardada.

Há a estação dos frutos.
Ninguém celebra a estação das sombras.

Assim, o amor e a paixão:
um, fruto; outro, sombra.

A suave e cruel mordedura
do fruto em tua boca:
mais do que entrar em ti
eu quero ser tu.

O que em mim espanta:
não a obra do tempo
mas a viagem do Sol na seiva da árvore

A arte da mangueira
é a veste de sombra
embrulhando o seu ventre solar.

Para o homem
vale a polpa.

Para a terra
só a semente conta.

Tristeza

A minha tristeza
não é a do lavrador sem terra.

A minha tristeza
é a do astrónomo cego.

Pecado muito pouco original

Não foi despudor.
A mulher se vestiu, sim,
para ser eterna.

Não foi vaidade.
Ela se fez bela
para cegar o mundo.

Heresia, por certo.
Porque ela nasceu
e Deus se perdeu do seu afazer.

A coisa

O silêncio é o modo
como o marido habita a casa.

Vencida a porta, ao final do dia,
o homem assume porte e posses.

A mesa é onde os seus cotovelos
derramam milenares cansaços.

Nesse cotovelório
vai trocando vida por idade.

Partilha a medonhez dos bichos:
medo do silêncio,
mais pavor ainda das palavras.

Para a mulher,
porém, ele não é senão um menino
no aguardo de um agrado.

Em redor do silêncio
ela rodopia, sem voz, sem cheiro, sem rosto.

Em solidão,
o homem come,
merecedor do que lhe é servido.

Depois,
bebe como se fosse bebido,
tragado pelo vazio dos desertos.

Dono do seu despovoado,
então, ele a agride, com ferocidade de bicho.

A mulher se estilhaça no soalho,
sombrio retrato da parede tombado.

No leito,
já servido o marido,
as lágrimas vão colando os seus fragmentos.

E a esposa volta a ser coisa.

Flores

Ninguém
oferece flores.

A flor,
em sua fugaz existência,
já é a oferenda.

Talvez, alguém,
de amor,
se ofereça em flor.

Mas só a semente
oferece flores.

O hóspede

Vai pôr a mesa, mandavam.

Eu estranhava o verbo
enquanto, em silêncio de altar,
os panos tocavam-me os dedos
e os talheres me desmanchavam o gesto.

Todo o meio-dia
o milagre se repetia:
a toalha, naquele instante,
a si mesma se bordava
e um lavrar de terra
sobre a madeira se anunciava.

Na casa encantada,
mais que a refeição,
um tempo sagrado
se hospedava entre mãos e pão.

Sobre a mesa
uma outra mesa nascia.

Poema didático

Já tive um país pequeno,
tão pequeno
que andava descalço dentro de mim.
Um país tão magro
que no seu firmamento
não cabia senão uma estrela menina,
tão tímida e delicada
que só por dentro brilhava.

Eu tive um país
escrito sem maiúscula.
Não tinha fundos
para pagar a um herói.
Não tinha panos
para costurar bandeira.
Nem solenidade
para entoar um hino.

Mas tinha pão e esperança
para os viventes
e sonhos para os nascentes.

Eu tive um país pequeno,
tão pequeno
que não cabia no mundo.

Vaticínio da mulher na despedida

Agora que vou partir
quero deixar o amor,
este amor que não me deixa
nem partir nem amar.

Quero deixar-te este amor
para teus amores,
essas outras mulheres
que, por mim, não terás que recusar.

Não me verás chorar:
limpo a lágrima à última palavra.

E saberás
que não te amei a ti,
mas, em ti, a vida inteira,
maior que o sonho de a viver.

Digo-te, agora que vou:
amar não basta
e os amores são sempre poucos.

Talvez o amor não saiba amar.
Talvez o amor
seja um aprendiz
de esperas e ausências.

Não me serás fiel, eu sei.
Mas não haverá traição.

Eu serei todas as mulheres
que o teu leito encantar.
E tu não serás nunca
o homem de ninguém.

Príncipe, te sonharás.
Mas não mais terás princípio.

A casa

Sei dos filhos
pelo modo como ocupam a casa:
uns buscam os recantos,
outros existem à janela.

A uns satisfaz uma sombra,
a outros nem o mundo basta.
Uns batem com a porta,
outros hesitam como se não houvesse saída.

Raras vezes, sou pai.
Sou sempre todos os meus filhos,
sou a mão indecisa no fecho,
sou a noite passada entre relógio e escuro.

Em mim ecoa a voz
que, à entrada, se anuncia: *cheguei!*
E eu sorrio, de resposta: chegou?
Mas se nunca ninguém partiu...

E tanto em mim
demoraram as esperas
que me fui trocando por soalho
e me converti em sonholenta janela.

Agora, eu mesmo sou a casa,
essa infatigável casa
a que meus filhos
eternamente regressam.

Danos e enganos

Aquele que acredita ter visto o mundo,
não aprendeu a escutar-se no vento.

Aquele que se deitou na terra,
vestiu sonhos como se fossem vidas
e tudo o mais fossem regressos.

Mas aquele que tocou o fruto
provou a inicial doçura do tempo.

E quando tombou
de si mesmo se fez semente.

Sazonais eternidades

Abres-me, janela,
e antigas memórias
me salpicam o rosto,
chuvas ainda por desabar.

Escancaradas portadas,
devolvem-me o corpo,
esse mesmo corpo
que, para febre e desejo,
em outro corpo acendi.

Abres-me, saudade
e o tempo se descalça
para atravessar
incandescentes brasas.

E quando,
de novo, me encerras,
volto a dormir
como dormem os rios
em véspera de serem água.

A saudade
é o que ficou
do que nunca fomos.

Dormes

Dormes.
Não há no mundo senão teu rosto.

O céu sob o teto
espera comigo que despertes.

O meu único relógio
é a sombra imóvel no chão do quarto.

A curva da terra
em tua pálpebra desenhada:
no teu sono me embalas.

Dormes-me.

Janelas

Demoro
a fechar janelas
porque me dói
a vida entre dentro e fora.

Meu gesto lento,
sem antes nem depois,
desconhece se abre ou se fecha
a janela de uma outra janela.

Sem longe nem perto,
entre sombra e além,
na casa onde meu corpo começa,
sou eu mesmo a terra que contemplo.

Depois do vidro,
perdida da sua própria imagem,
a paisagem ainda mora toda em mim.
E eu, já, nela.

Fala da mulher que se pensa gorda

Triste saber
que, mesmo tão vasto,
meu corpo me é escasso.

Triste sentir
que me ofego
mesmo na gesta sem gesto
do mais desnutrido intento.

E escondo
recantos tão escuros
que nenhuma manhã visitará.

Estas são as mãos:
desatam rios
mas não colhem lágrimas.

Este é o meu leito:
deitada, me vejo de longe
como o lavrador cego
que apenas sonha o sulco da lavoura.

De pé, me perco
de meus próprios pés.
Vantagem de tanta polpa:

não há fundura de ferida
que me atinja o peito.

Mais que corpo
me pesa um destino:
mesmo despida
nunca estou nua.

Só está nu
quem por outras mãos é despido.

Às vezes,
sonho-me dizendo-te:
sou teu algodão-doce.
Vem, dissolve-me em tua boca,
seja eu sal da tua saliva.

Mas os meus delírios
se afundam antes de eu ser noite.

No fugidio meio-dia, porém,
do meu fardo e destino me vingo.

E emagreço
mais que a minha sombra
e finjo suspiros
no beijo que nunca houve.

Só então
volto a ser ave.

Sementeira

O poeta
faz agricultura às avessas:
numa única semente
planta a terra inteira.

Com lâmina de enxada
a palavra fere o tempo:
decepa o cordão umbilical
do que pode ser um chão nascente.

No final da lavoura
o poeta não tem conta para fechar:
ele só possui
o que não se pode colher.

Afinal,
não era a palavra que lhe faltava.

Era a vida que ele, nele, desconhecia.

A pegada

Na pedra do pátio
meu pai inventou
uma pegada de infância.

*Aqui assentou
o teu passo pequenito*, dizia,
dedo posto sobre a indelével raiz.

Já adulto, joelho no tempo,
acaricio a petrificada mentira.

Nesse templo
sem parede nem prece,
meu passo se imobiliza.

Aquela mentira, afinal,
é consolo sem fôlego:
a vida será sempre pouca
perante tão eterna infância.

Medos

Medo do amor
quando tudo é fome.

E onde tudo é tão pouco,
medo de a carícia
despertar insuspeitos infernos.

Medo de sermos
só eu e tu
a humanidade.

E morrermos
de tanta eternidade.

O brinde

Ergueu o cálice
e esqueceu o brinde.

No avô,
suspendeu a família o ansioso olhar,
mas palavra e gesto lhe quedaram imóveis,
morcegos presos
no último teto do mundo.

Parecia que iria ficar assim
o resto da vida:
à espera de um motivo para brindar.
E nessa espera
demoraria o tempo todo.

Quando já morto,
tentassem tirar-lhe o cálice,
não seria possível abrir-lhe os dedos.

Levaram o avô
para o quarto,
e deixaram-no só, no escuro,
para que adormecesse.

O avô está cansado, disseram.
E, deste modo,
a si mesmos se descansaram.

O velho sorriu,
em seu enrugado rosto
desenhou a taça da malícia:
o que ele queria
era o instante do tempo inteiro.

Não entenderam os parentes:
calado, ele não estava calado.
A sua palavra
de nenhuma voz carecia.

De si para si, murmurou:
só amei o que tinha fim
e tudo que amei se eternizou.

Depois, adormeceu.

Aos parentes,
para sempre escapou
a razão do suspenso brinde.

Ninguém sabe falar a quem ama.

Apenas no silêncio
o amor
se diz e escuta.

O bojo e o beijo

Térreas asas,
as mãos do oleiro
ascendem em sonolenta luz
e os dedos, em fingida cegueira,
a si mesmos, anfíbios, se tateiam.

Um redondo nascer,
sem golpe nem sangue,
semelha argila e corpo:
a mesma gravidez
arredonda bilha e ventre.

O que roda no torno do oleiro
não é barro, não é intento:
são regatos e fontes,
húmidas coxas de mulher.

A cerâmica
não é humana obra,
mas um desaguar
de subcutâneos rios.

Nas mãos do oleiro,
o beijo da água
na boca da terra.

Números

Desiguais as contas:
para cada anjo, dois demónios.

Para um só Sol, quatro Luas.

Para tua boca, todas as vidas.

Dar vida aos mortos
é obra para infinitos deuses.

Ressuscitar um vivo:
um só amor cumpre o milagre.

Falta de reza

Por insuficiência de reza,
por falsidade de crença
meu anjo me culpou
e vaticinou eterna penitência.

Mas não ajoelho
nem peço desculpa.
Não quero um deus
que vigie os vivos
e peça contas aos mortos.

Um deus amigo
que me chame por tu
e que espere por mim
para um copo de riso e abraços:
esse é o deus que eu quero ter.

Um deus
que nem precise de existir.

Declaração de bens

Só tenho palavras
para o indizível.

Só tenho voz
para emudecer.

Só trago nome
para o que nunca nasceu.

Uma única certeza
demora em mim:
o que em nós já foi menino
não envelhecerá nunca.

O bebedor de sóis

No deserto,
onde o céu é redondo,
de mim mesmo sou miragem.

Na areia
me afundo, defunto,
até não haver sombra
senão sob cansaços de pálpebras.

Quando não há mais
que vento e dunas,
em mim invento o derradeiro oásis.

Uma raiz
então me convoca,
pedindo-me certo e definitivo.

Não nasci, porém,
para junto das fontes morar.

De novo,
vou por onde não há caminhos.

E só no fogo deixo pegada.

A cantadeira

Quando seu canto findou
já não havia mundo.

E nem nome, nem corpo,
nem desejo de água
no ventre da terra.

Tudo dissolvido em voz,
tudo fulminado pela beleza,
não sobrava mais silêncio
no silêncio que proclamava.

A mulher cantou
e nós fomos o seu canto
omitidas almas sem recanto.

A mulher se calou,
e aprendemos a nos despedir do mundo.

Lembrança

Só quero lembrar
se o tempo for todo meu.

Só anseio lembrança
se não houver passado.

Bruma e espuma,
apagam o tempo em que não amei.

E eu amei
para ser tudo, todos, sempre.

Para te visitar
esquecerei a terra
e apagarei estrelas.

E irei pelos teus olhos,
até o mundo voltar a ter princípio.

Sou eu, dirás.
E o tempo será lembrado.

Beijo

Não quero o primeiro beijo:
basta-me
o instante antes do beijo.

Quero-me
corpo ante o abismo,
terra no rasgão do sismo.

O lábio ardendo
entre tremor e temor,
o escurecer da luz
no desaguar dos corpos:
o amor
não tem depois.

Quero o vulcão
que na terra não toca:
o beijo antes de ser boca.

Hora de visita

— *Gostei de nascer, doutor,*
mas, agora, já chega.

O médico baixou o rosto, incapaz de palavra.
Depois, se acertou e disse:

— *Amanhã, o senhor volta para sua casa.*

O velho doente
superou o cansaço das palavras:

— *Agora, doutor,*
a minha casa é a minha cama.

Que ele se ia afeiçoando
ao tamanho dos que partem.

O médico cortou no drama:

— *Já é hora da visita. Já lhes ouço os passos no corredor.*

Sorriu: a solidão preferia.

Cada visita
é uma despedida,
os parentes junto ao leito,
contemplam apenas a dor de serem eles,
amanhã, os visitados.

— *Estão-me velando sem velas.*

Depois entraram os parentes,
numerosos,
mas nenhum chegando nunca a estar ali,
nenhuma ponte cruzando os dolorosos abismos.

Então,
uma mão pequena,
asa sem ave,
ascendeu do chão
e sobre o leito pousou.

Seria,
por certo,
a mão de um neto
que buscava o abraço sem braço
e ali se quedou em desajeitada carícia.

Ou talvez fosse
a mão de um anjo.

Só então,
começou a visita.

Mudança de idade

Para explicar
os excessos do meu irmão
a minha mãe dizia:
está na mudança de idade.

Na altura,
eu não tinha idade nenhuma
e o tempo era todo meu.

Despontavam borbulhas
no rosto do meu irmão,
eu morria de inveja
enquanto me perguntava:
em que idade a idade muda?

Que vida,
escondida de mim, vivia ele?

Em que adiantada estação
o tempo lhe vinha comer à mão?

Na espera de recompensa,
eu à lua pedia uma outra idade.

Respondiam-me batuques
mas vinham de longe,
de onde já não chega o luar.

Antes de dormirmos
a mãe vinha esticar os lençóis
que era um modo
de beijar o nosso sono.

Meu anjo, não durmas triste, pedia.
E eu não sabia
se era comigo que ela falava.

A tristeza, dizia,
é uma doença envergonhada.
Não aprendas a gostar dessa doença.

As suas palavras
soavam mais longe
que os tambores noturnos.

O que invejas, falava a mãe, *não é a idade.*
É a vida
para além do sonho.

Idades mudaram-me,
calaram-se tambores,
na lua se anichou a materna voz.
E eu já nada reclamo.

Agora sei:
apenas o amor nos rouba do tempo.

E ainda hoje
estico os lençóis
antes de adormecer.

Casa (rio)

Incerta vez,
o Mano Juca se poentou no rio.

Em nenhum rio se morre,
assim é o dito.

Por que razão chora, então, a mãe?
Que eternidade a amarra
à bruma da margem?

A mulher responde:
há vozes no meu quarto
que me pedem mais do que posso sonhar.

De tanto na berma sobejar
ela ganhou o redondo dos seixos.
Aves a pisam
e nela debicam como em derramada nuvem.

Tristezas de mãe
estão sempre certas:
o lugar da casa é o de um rio.

Casa e rio, ela diz:
são margens de um regresso infinito.

Aos poucos, a borda do rio
já não é senão água.
E a lembrança da mãe
é a de nenhum tempo haver.

Rio sorvido pela própria corrente
o filho deságua sem fim
no mar dos olhos de quem o fez nascer.

O espreguiçoso

O que do tempo desfolha,
em vagar de tumba,
na palma da sua mão tomba.

Deitado no mundo,
nem olha as nuvens:
a pressa dos céus
cansa-lhe a retina.

Do sol não se arreda:
sombras são móveis,
nem vale mudar de assento.

E quando chove
nem se desvia:
gotas nunca são tantas, por si mesmas se enxugam.

Sendo noite,
dispensa sonho:
acordar é mais árduo em sonhadora noite.

À amada confessa: príncipe, me dizes.
Eu me prefiro sapo sem beijo
e, no charco baldio,
quedar-me ensopado e vadio.

Namorar pede pulsação.
Eu quero o sono de quem dorme.

Dormir talvez seja demais.

Dormir sem verbo:
ser dormido.

Aprendiz de ausências

Morrer
como quem deságua sem mar
e, num derradeiro relance,
olha o mundo
como se ainda o pudesse amar.

Morrer
depois de me despedir
das palavras, uma a uma.

E no final,
descontada a lágrima,
restar uma única certeza:

não há morte
que baste
para se deixar de viver.

1ª EDIÇÃO [2016] 5 reimpressões

ESTA OBRA FOI COMPOSTA POR ACOMTE EM MERIDIEN E IMPRESSA
PELA GRÁFICA BARTIRA EM OFSETE SOBRE PAPEL PÓLEN SOFT DA
SUZANO S.A. PARA A EDITORA SCHWARCZ EM MAIO DE 2021

A marca FSC® é a garantia de que a madeira utilizada na fabricação do papel deste livro provém de florestas que foram gerenciadas de maneira ambientalmente correta, socialmente justa e economicamente viável, além de outras fontes de origem controlada.